행복아, 어서 와

나태주·로로
웹툰 만화시집 03

행복아, 어서 와

너에게 선물하는
작은 기쁨

다블북

시인의 말

하나의 꿈이었습니다

어려서 나는 만화책을 매우 좋아한 아이였습니다. 주로 마을 친구들이나 학급 아이들한테서 빌려서 읽는 만화였지만 만화 읽기가 그렇게 좋을 수 없이 좋았습니다. 집에서 만화책을 읽으면 외할머니가 공부는 하지 않고 만화책만 읽는다고 걱정하시므로 만화책을 들고 슬그머니 집 밖으로 나와서 읽곤 했습니다. 남의 집 담장 밑이나 울타리 밑 해 밝은 곳을 찾아가서 쭈그리고 앉아서 읽곤 했지요. 어떤 때는 날이 어두워지는 줄도 모르고 읽었고 외할머니가 멀리, 밥 먹으라고 소리치면서 내 이름을 부르실 때까지 읽었습니다.

만화 읽는 시간은 마음이 편안했고 즐거웠고 행복하기까지 했습니다. 어른이 되고 시를 쓰는 사람이 되고 많은 책을 내면서 나는 왜 우리나라에 시를 활용한 만화책이 없을까, 한동안 그

것이 궁금했습니다. 사람들은 시가 어렵다고 입을 모읍니다. 그 어려운 시로 만화책을 만들면 쉽게 시를 읽을 수 있고 재미있기까지 하지 않을까, 그런 생각이 들었던 겁니다. 그렇게 해서 나는 한국에서 제일 처음으로 시를 가지고 만화책을 내는 시인이 되었습니다. 다행히 더블북 김현종 대표님과 웹툰 작가님들이 호응해주신 결과입니다.

그렇게 첫 번째 나온 만화시집이 '위로'에 대한 만화시집이었고, 두 번째 만화시집이 '사랑'에 대한 만화시집이었고 이번에는 '행복'을 주제로 한 만화시집입니다. 다시 한번 더블북 출판사와 웹툰 작가 로로 님에게 감사의 말씀을 드립니다. 이로써 내가 꿈을 꾼 한 세상이 완성되고 나의 오랫동안의 꿈이 이루어진 셈입니다. 부디 이 책이 젊은 독자들에게 즐거움을 주고 시를 읽는 기쁨까지 선물하기를 소망합니다. 만화시집을 통해서 만나는 당신이 참으로 선량하고 아름다운 사람입니다. 그 선량과 아름다움을 앞세워 우리, 멀리까지 가봅시다.

2025년 초봄
나태주 씁니다.

그린이의 말

서로의 마음이
하나로 이어지는 행복

나태주 시인님의 시를 그림과 이야기로 풀어내는 과정은 저희에게 매우 도전적이고도 흥미로운 일이었습니다. 시가 담고 있는 감정과 메시지 그리고 작품 중심에 있는 행복을 어떻게 표현하면 좋을지 고민하면서 떠오른 것은, 한 가족과 그 주변에서 일어나는 행복의 순간들이었습니다.

행복이 무엇인지 그리고 그것이 어떻게 사람들 간의 연결 속에서 더욱 확장될 수 있는지 하나의 이야기를 통해 나누고자 하는 마음으로 작업하면서 결국 행복은 서로의 마음이 하나로 이어지는 순간에 피어난다는 것을 저희도 다시 한번 깨달았습니다.

저희의 전작들에 이어 이번 작품 역시 고양이가 중요한 역할을 합니다. 고양이는 그 자체로 행복이며 행복을 전달하고 이어주는 존재입니다. 고양이가 등장할 때마다 특별한 온기와 사랑이 사람들 사이에서 자연스럽게 연결되는 과정을 통해 소중한 감정을 나누고자 했던 저희의 마음이 독자님들께 전달되길 바랍니다.

이번 작품을 통해 시와 만화라는 두 다른 장르가 만난 새로운 이야기를 만들 수 있게 되어 매우 기쁩니다. 함께할 기회를 주신 출판사 더블북과 네이버웹툰 출판팀에 진심으로 감사드립니다. 늘 따뜻한 말씀을 해주신 분들 덕분에 행복한 마음으로 작업할 수 있었습니다. 이 자리를 빌어 다시 한번 감사의 마음을 전합니다.

이 작품이 시와 만화를 그리고 이야기를 사랑하시는 독자님들께 예쁜 행복으로 다가가길 바라며 독자님들만의 행복을 떠올릴 수 있는 시간이 되길 희망합니다.

모든 분들께 예쁜 행복이 오고 있길 바라며
로로.

차례

시인의 말 * 5

그린이의 말 * 7

아름다운 사람 * 15

능금나무 아래 * 23

아기를 재우려다 * 25

어제의 너 * 28
—할 말이 너무 많아 말을 삼킨다

눈부신 세상 * 31

그건 시간 문제 * 34

딸아이 * 39

좋은 날 * 40

바다에서 오는 버스 * 48

가을이 와 * 53

3월에 오는 눈 * 55

시 * 61

행복 1 * 68

행복 2 * 75

큰일 * 81

예쁜 너 * 86

오직 너는 * 90

어떤 문장 * 95

산을 바라본다 * 99

지지 않는 꽃 * 101

내 안의 사람 * 105
―구름이여 꿈꾸는 구름이여 55

창문 열면 * 107

오월 아침 * 110

어린 벗에게 * 119

목걸이 * 129

별리 * 132

엄마 마음 * 135

첫눈 같은 * 139

선물 1 * 149

세상을 사랑하는 법 * 152

약속 * 159

행복 * 161

너에게 보낸다 * 164

늦여름 * 166

구름 * 167

별밤에 * 168

여행길 * 170

초라한 고백 * 171

기쁨 * 172

어린아이로 * 173

유리창 * 174

서로가 꽃 * 176

네가 있어 * 177

가을 햇살 아래 * 178

너는 흐르는 별 * 180

바람이 붑니다 * 182

선물 2 * 184

그래도 * 185

아끼지 마세요 * 186

그 아이 * 188

너에게 감사 * 190

일으켜 세웠다 * 192

맑은 날 * 193

소망 * 194

사는 법 * 195

너를 아껴라 * 196

오솔길 * 198

흰 구름에게 * 200

섬에서 * 201

빈자리 * 202

어버이날 * 203

억지로 * 204
―중학생들에게

어머니로부터 * 206

고백 * 207

실패한 당신을 위하여 * 208

오월 카톡 * 210

여행 * 211

흔들리며 어깨동무 * 212

먼 길 * 214

사랑을 보낸다 * 215

아름다운 사람

아름다운 사람
눈을 둘 곳이 없다
바라볼 수도 없고
그렇다고 아니 바라볼 수도 없고
그저 눈이
부시기만 한 사람.

능금나무 아래

한 남자가 한 여자의 손을 잡았다
한 젊은 우주가 또 한 젊은
우주의 손을 잡은 것이다

한 여자가 한 남자의 어깨에 몸을 기댔다
한 젊은 우주가 또 한 젊은
우주의 어깨에 몸을 기댄 것이다

그것은 푸르른 5월 한낮
능금꽃 꽃등을 밝힌
능금나무 아래서였다.

아기를 재우려다

아기를 재우려고 엄마가 아기를 끼고 누우면
아기의 숨소리가 너무 고와서
아기의 숨결이 너무 향기로워서
엄마는 그만 아기보다 먼저 잠이 들고
아기는 잠든 엄마 곁에서
방글방글 웃고 있다
엄마가 아기를 재우는 것인지,
아기가 엄마를 재우는 것인지…….

어제의 너
— 할 말이 너무 많아 말을 삼킨다

얼마나 네가 이뻤는지
얼마나 네가 사랑스러웠는지
너는 차마 몰랐을 거다

하늘이 내려다보았겠지
나무들이 훔쳐보고
바람도 곁눈질로 보았겠지

너는 그냥 그대로 가을꽃
맑은 바람에 피어 있는
가을꽃 한 송이였단다.

눈부신 세상

멀리서 보면 때로 세상은
조그맣고 사랑스럽다
따뜻하기까지 하다
나는 손을 들어
세상의 머리를 쓰다듬어준다
자다가 깨어난 아이처럼
세상은 배시시 눈을 뜨고
나를 향해 웃음 지어 보인다

세상도 눈이 부신가 보다.

그건 시간 문제

너는 세상이 좋아서
세상에 온 아이

사람을 좋아하고
꽃을 좋아하고
맑은 하늘 구름을 좋아하고
여행을 좋아하는 아이

기다리렴
조금만 더 기다리렴

조금만 더 기다리면서
사람을 좋아하고
꽃을 좋아하고
맑은 하늘 구름을 좋아하렴
그리고 여행을 좋아하렴

그러다 보면
세상이 너를 사랑하고
꽃이 너를 사랑하고

하늘과 구름과 여행이 너를
사랑해줄 거야

그건 시간 문제야
암 시간 문제고말고
너 같은 아이를 사랑해주지 않고
누구를 사랑해주겠니.

딸아이

너를 안으면 풀꽃 냄새가 난다
세상에 오직 하나 있는 꽃,
아무도 이름 지어 주지 않은 꽃,
네게서는 나만 아는 풀꽃 냄새가 난다.

좋은 날

하고 싶은 일을 하니 좋고
하고 싶지 않은 일을 하지 않으니
더욱 좋다.

바다에서 오는 버스

아침에
산 너머서 오는 버스
비린내 난다
물어보나 마나 바닷가
마을에서 오는 버스다

바다 냄새 가득 싣고 오는 버스
부푼 바다 물빛
바다에서 떠오르는 해
풍선처럼 싣고 오는 버스

저녁때
산 너머로 가는 버스
땀 냄새난다
물어보나 마나 바닷가
마을로 가는 버스다

하루 종일 장터에 나가
지친 아주머니 할머니들
두런두런 낮은 말소리 싣고
지는 해 붉은 노을 속으로
돌아가는 버스다.

가을이 와

가을이 와 나뭇잎 떨어지면
나무 아래 나는
낙엽 부자

가을이 와 먹구름 몰리면
하늘 아래 나는
구름 부자

가을이 와 찬바람 불어오면
빈 들판에 나는
바람 부자

부러울 것 없네
가진 것 없어도
가난할 것 없네.

3월에 오는 눈

눈이라도 3월에 오는 눈은
오면서 물이 되는 눈이다
어린 가지에
어린뿌리에
눈물이 되어 젖는 눈이다
이제 늬들 차례야
잘 자라거라 잘 자라거라
물이 되며 속삭이는 눈이다.

시

마당을 쓸었습니다
지구 한 모퉁이가 깨끗해졌습니다

꽃 한 송이 피었습니다
지구 한 모퉁이가 아름다워졌습니다

마음속에 시 하나 싹텄습니다
지구 한 모퉁이가 밝아졌습니다

나는 지금 당신을 사랑합니다
지구 한 모퉁이가 더욱 깨끗해지고
아름다워졌습니다.

행복 1

1
딸아이의 머리를 빗겨주는
뚱뚱한 아내를 바라볼 때
잠시 나는 행복하다
저의 엄마에게 긴 머리를 통째로 맡긴 채
반쯤 입을 벌리고
반쯤은 눈을 감고
꿈꾸는 듯 귀여운 작은 숙녀
딸아이를 바라볼 때
나는 잠시 더 행복하다.

2
학교 가는 딸아이
배웅하러 손잡고 골목길 가는
아내의 뒤를 따라가면서
꼭 식모 아줌마가
주인댁 아가씨 모시고 가는 것 같애
놀려주면서
나는 조금 행복해진다
딸아이 손을 바꿔 잡고 가는 나를
아내가 뒤따라오면서
꼭 머슴 아저씨가
주인댁 아가씨 모시고 가는 것 같애
놀림을 당하면서
나는 조금 더 행복해진다.

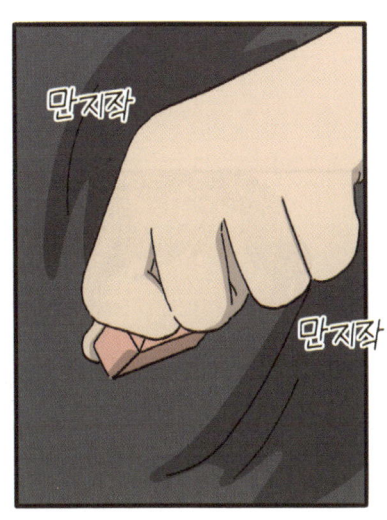

행복 2

어제 거기가 아니고
내일 저기도 아니고
다만 오늘 여기
그리고 너.

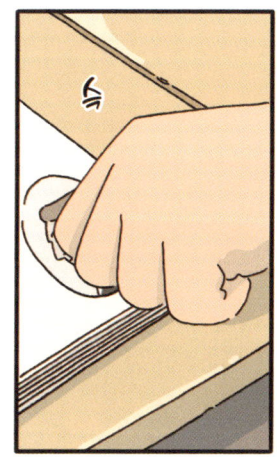

큰일

조그만 너의 얼굴
너의 모습이
점점 자라서
지구만큼 커질 때 있다

가느다란 너의 웃음
너의 목소리가
점점 커져서
지구를 가득 채울 때 있다

이거야말로 큰일,
사랑이 찾아온 것이다.

예쁜 너

사람은 언제 예쁜가?

자기가 좋아하는 사람
자기를 믿어주는 사람
앞에 있을 때 예쁘다

마음 놓고 웃을 때 예쁘고
마음 놓고 말할 때
더욱 예쁘다

너는 언제 예쁜가?

네가 좋아하는 사람 앞에
있을 때 예쁘고
내 앞에서도 가끔은 예쁘다

너를 예쁘다고 생각하므로
가끔은 나도
예쁜 사람이 되기도 한다.

오직 너는

많은 사람 아니다
많은 사람 가운데
오직 너는 한 사람
우주 가운데서도
빛나는 하나의 별
꽃밭 가운데서도
하나뿐인 너의 꽃
너 자신을 살아라
너 자신을 빛내라.

어떤 문장

보고 싶다
보고 싶었다

내 일생을 요약하는
두 줄의 문장

말하고 나면 마음이
조금 풀리고

네가 내 앞에 와
웃어주기도 했었다.

산을 바라본다

속상한 일
답답한 일
섭섭하고 마음 맺힌 일
있을 때마다
산을 바라본다

턱을 괴고 앉아
산을 부러워한다

어쩌면 저리도 푸르고
저리도 의젓하고 넉넉하며
가득히 아름다울까?

너무 속상해하지 말게
너무 답답해하지 말게
너무 섭섭해하지 말게

오늘도 산은 내게 넌지시
눈짓으로 타일러
말하고 있다.

지지 않는 꽃

하루나 이틀 꽃은

피었다 지지만

마음속 숨긴 꽃은

좀 더 오래간다

글이 된 꽃은

더 오래 지지 않는다.

내 안의 사람
―구름이여 꿈꾸는 구름이여 55

내가 너를 예쁘다고 생각하는 건
이미 내 안에 너를 닮은
예쁜 생각과 느낌이 숨어 살고 있었기 때문이다

내가 너를 보고 사랑스러움을 느꼈다면
이미 내 마음 안에 그런
사랑스런 모습과 느낌이 숨어서 자라고 있었기 때문이다

누군가를 사랑해보라
세상 모든 것들은
사랑스러운 것으로
아름답고 빛나는 것으로
보일 것이다
그래서,
세상 모든 것들이
사랑하는 사람의 모습으로 변할 것이다.

창문 열면

라일락꽃
시계풀꽃
꽃내음에 홀려

창문 열면
오월의 부신 햇살
싱그런 바람
왠지 나는 부끄러워라
내가 너를 생각하는 이 마음을
네가 알 것만 같아
혼자 서 있는 나를
네가 어디선 듯
숨어서 가만히 웃고 있을 것만 같아서…….

오월 아침

가지마다 돋아난
나뭇잎을 바라보고 있으려면
눈썹이 파랗게 물들 것만 같네요

빛나는 하늘을 바라보고 있으려면
금세 나의 가슴도
바다같이 호수같이
열릴 것만 같네요

돌덤불 사이 흐르는
시냇물 소리를 듣고 있으려면
내 마음도 병아리 떼같이
종알종알 노래할 것 같네요

봄비 맞고 새로 나온 나뭇잎을 만져보면
손끝에라도 금시
예쁜 나뭇잎이 하나
새파랗게 돋아날 것만 같네요.

어린 벗에게

그렇게 많이
안 예뻐도 된다

그렇게 꼭 잘하려고만
하지 않아도 된다

지금 모습 그대로 너는
충분히 예쁘고

가끔은 실수하고 서툴러도 너는
사랑스런 사람이란다

지금 그대로 너 자신을
아끼고 사랑해라

지금 모습 그대로 있어도
너는 가득하고 좋은 사람이란다.

목걸이

네 가슴의 나비
팔랑팔랑
너를 데리고
좋은 세상으로
가줄 것이다.

별리*

괜찮아 괜찮아
곧 만날 거야
우리 곧
만나게 될 거야.

* 별리(別離), 서로 갈리어 떨어짐.

엄마 마음

아기가 자라면
엄마도 따라서
자라고

아기가 변하면
엄마도 따라서
변한다

아기가 웃을 때
따라서 웃는
엄마

아기가 아플 때
따라서 아픈
엄마

아기는 엄마의
조그만 호수
조그만 하늘

구름 한 점 없기를
물결 하나 없기를
손 모아 기도한다.

첫눈 같은

멀리서 머뭇거리기만 한다
기다려도 쉽게 오지 않는다
와서는 잠시 있다가 또
훌쩍 떠난다
가슴에 남는 것은 오로지
서늘한 후회 한 조각!

그래도 나는 네가 좋다.

선물 1

하늘 아래 내가 받은
가장 커다란 선물은
오늘입니다

오늘 받은 선물 가운데서도
가장 아름다운 선물은
당신입니다

당신 나지막한 목소리와
웃는 얼굴, 콧노래 한 구절이면
한 아름 바다를 안은 듯한 기쁨이겠습니다.

세상을 사랑하는 법

세상의 모든 것들은
바라보아주는 사람의 것이다
바라보는 사람이 주인이다
나아가 생각해주는 사람의 것이며
사랑해주는 사람의 것이다
어느 날 한 나무를 정하여 정성껏
그 나무를 바라보라
그러면 그 나무도 당신을 바라볼 것이며
점점 당신의 것이 될 것이다
아니다, 그 나무가 당신을
사랑해주기 시작할 것이다
더 넓게 눈을 열어 강물을 바라보라
산을 바라보고 들을 바라보라
나아가 그들을 가슴에 품어보라
그러면 그 모든 것들이 당신의 것이 될 것이며

당신을 생각해주고
당신을 사랑해줄 것이다
오늘 저녁 어둠이 찾아오면
밤하늘의 별들을 우러러보라
나아가 하나의 별에게 눈을 모으고
오래 그 별을 생각해보고 그리워해보라
그러면 그 별도 당신을 바라보기 시작할 것이며
당신을 생각해줄 것이며
드디어 당신을 사랑해줄 것이다.

약속

내일
그 애를 다시 만나기로 했다

얼른 보고 싶어
조바심

오늘이 내일이었음
좋겠다.

행복

저녁때
돌아갈 집이 있다는 것

힘들 때
마음속으로 생각할 사람 있다는 것

외로울 때
혼자서 부를 노래 있다는 것.

행복한 순간들의 시

너에게 보낸다

하늘이 좋다
구름이 좋다
맑은 하늘
맑은 마음
너에게 보낸다

나 여기 있다
너도 거기 잘 있어라
우리는 가끔씩
안부가 필요하다
소식이 필요하다

하늘이 좋다
바람이 좋다
이 좋은 바람

이 좋은 하늘
너에게 보낸다.

늦여름

네가 예뻐서
지구가 예쁘다

네가 예뻐서
세상이 다 예쁘다

벗은 발 예쁜 발가락
그리고 눈썹

네가 예뻐서
나까지도 예쁘다.

구름

구름 높은 구름
좋다 내 마음도 높이 떴다

구름 하얀 구름
좋다 내 마음도 하얗다

저기 너도 있다
좋다 너도 웃는 얼굴이다.

별밤에

별빛이 소낙비처럼
쏟아지는 밤

굴참나무 잎새 두 개
따다가 귀에 대면

내 귀는 그대로
우주의 안테나

맑게 살리라
사랑하며 살리라

은하수 밖 태양계 밖
우주의 소리를 듣는다

그래 그래 그래
산들이 고개 끄덕여주고

강물도 입술 반짝이며
엿듣고 있다.

여행길

떨치고
떠날 수 있음에 감사

무사히
돌아올 수 있음에 더욱 감사

조금만 더 보자
낯선 땅의 산과 들과 꽃들

조금만 더 듣자
낯선 땅의 물소리와 새소리.

초라한 고백

내가 가진 것을 주었을 때
사람들은 좋아한다

여러 개 가운데 하나를
주었을 때보다
하나 가운데 하나를 주었을 때
더욱 좋아한다

오늘 내가 너에게 주는 마음은
그 하나 가운데 오직 하나
부디 아무 데나 함부로
버리지는 말아다오.

기쁨

난초 화분의 휘어진
이파리 하나가
허공에 몸을 기댄다

허공도 따라서 휘어지면서
난초 이파리를 살그머니
보듬어 안는다

그들 사이에 사람인 내가 모르는
잔잔한 기쁨의
강물이 흐른다.

어린아이로

어린아이로 남아 있고 싶다
나이를 먹는 것과는 무관하게
어린아이로 남아 있고 싶다
어린아이의 철없음
어린아이의 설레임
어린아이의 투정
어린아이의 슬픔과 기쁨
그리고 놀라움
끝끝내 그것으로 세상을 보고 싶다
끝끝내 그것으로 세상을 건너가고 싶다
있는 대로 보고 들을 수 있고
듣고 본 대로 느낄 수 있는
그리고 말할 수 있는
어린아이의 가슴과 귀와 눈과
입술이고 싶다.

유리창

이제
떠나갈 것은 떠나게 하고
남을 것은 남게 하자

혼자서 맞이하는 저녁과
혼자서 바라보는 들판을
두려워하지 말자

아, 그렇다
할 수만 있다면
나뭇잎 떨어진 빈 나뭇가지에
까마귀 한 마리라도 불러
가슴속에 기르자

이제
지나온 그림자를 지우지 못해 안달하지도 말고
다가올 날의 해 짧음을 아쉬워하지도 말자.

서로가 꽃

우리는 서로가
꽃이고 기도다
나 없을 때 너
보고 싶었지?
생각 많이 났지?
나 아플 때 너
걱정됐지?
기도하고 싶었지?
그건 나도 그래
우리는 서로가
기도이고 꽃이다.

네가 있어

바람 부는 이 세상
네가 있어 나는 끝까지
흔들리지 않는 나무가 된다

서로 찡그리며 사는 이 세상
네가 있어 나는 돌아앉아
혼자서도 웃음 짓는 사람이 된다

고맙다
기쁘다
힘든 날에도 끝내 살아남을 수 있었다

우리 비록 헤어져
오래 멀리 살지라도
너도 그러기를 바란다.

가을 햇살 아래

가을 햇살은
겸손하고 부드럽다
부릅뜬 눈을 거두어
다감한 눈으로
사람을 보기 시작한다

괜찮아 괜찮아
올해도 수고 많았지
조금씩 좋아질 거야
사람의 머리를 쓰다듬고
사람의 어깨를 쓸어준다

가을 햇살은 우리에게
부드러움과 착함을 가르친다
올해도 가을

내가 살아서 다시
너를 만남이 행운이다.

너는 흐르는 별

너는 흐르는 별
나도 또한 흐르는 별

어제 간 곳을 오늘 또
지나친다 말하지 말자

어제 만난 것들을 오늘 또
만난다 생각 말자

비록 어제 간 길을 가고
어제 본 산과 들과 나무들을 보며
어제 만난 너와 내가 다시 만나지만

어제의 너와 나는 죽고
어제의 산과 들과 나무는
더불어 죽고

오늘의 너는 새로이 태어난 너
오늘의 나는 새로이 눈을 뜬 나

오늘 우리는 새로이 만나고
오늘 우리는 새로이 반짝인다

너는 흐르는 별
나도 또한 흐르는 별.

바람이 붑니다

바람이 붑니다
창문이 덜컹댑니다
어느 먼 땅에서 누군가 또
나를 생각하나 봅니다

바람이 붑니다
낙엽이 굴러갑니다
어느 먼 별에서 누군가 또
나를 슬퍼하나 봅니다

춥다는 것은 내가 아직도
숨 쉬고 있다는 증거
외롭다는 것은 앞으로도 내가
혼자가 아닐 거라는 약속

바람이 붑니다
창문에 불이 켜집니다
어느 먼 하늘 밖에서 누군가 한 사람
나를 위해 기도를 챙기고 있나 봅니다.

선물 2

선물을 주고 싶다고?
선물은 필요치 않아
네 얼굴과 네 목소리와 너의 웃음이
나에겐 선물이야
너 자신이 나에겐
그 무엇과도 바꿀 수 없는
오직 하나뿐인 선물이야

네가 그걸 알기나 하는지 모르겠다.

그래도

나는 네가 웃을 때가 좋다
나는 네가 말을 할 때가 좋다
나는 네가 말을 하지 않을 때도 좋다
뾰로통한 네 얼굴, 무덤덤한 표정
때로는 매정한 말씨
그래도 좋다.

아끼지 마세요

좋은 것 아끼지 마세요
옷장 속에 들어 있는 새로운 옷 예쁜 옷
잔칫날 간다고 결혼식장 간다고
아끼지 마세요
그러다 그러다가 철 지나면 헌 옷 되지요

마음 또한 아끼지 마세요
마음속에 들어 있는 사랑스런 마음 그리운 마음
정말로 좋은 사람 생기면 준다고
아끼지 마세요
그러다 그러다가 마음의 물기 마르면 노인이 되지요

좋은 옷 있으면 생각날 때 입고
좋은 음식 있으면 먹고 싶은 때 먹고

좋은 음악 있으면 듣고 싶은 때 들으세요
더구나 좋은 사람 있으면
마음속에 숨겨두지 말고
마음껏 좋아하고 마음껏 그리워하세요

그리하여 때로는 얼굴 붉힐 일
눈물 글썽일 일 있다 한들
그게 무슨 대수겠어요!
지금도 그대 앞에 꽃이 있고
좋은 사람이 있지 않나요
그 꽃을 마음껏 좋아하고
그 사람을 마음껏 그리워하세요.

그 아이

겉으로 당신 당당하고 우뚝하지만
당신 안에 조그맣고 여리고 약한
아이 하나 살고 있어요

작은 일에도 흔들리고
작은 말에도 상처받는 아이
순하고도 여린 아이 하나 살고 있어요

그 아이 이슬밭에 햇빛 부신 풀잎 같고
바람에 파들파들 떠는
오월의 새 나뭇잎 한 가지예요

올해도 부탁은 그 아이
잘 데리고 다니며
잘 살길 바라요

윽박지르지 말고

세상 한구석에 떼놓고 다니지 말고

더구나 슬픈 얘기 억울한 얘기

들려주어 그 아이 주눅 들게 하지 마세요.

너에게 감사

사랑하는 사람들 사이에서는
더 많이 사랑하는 사람이
단연코 약자라는 비밀

어제도 지고
오늘도 지고
내일도 지는 일방적인 줄다리기

지고서도 오히려
기분이 나쁘지 않고
홀가분하기까지 한 게임

사랑하는 사람들 사이에서는
더 많이 지는 사람이
끝내는 승자라는 비밀

그걸 깨닫게 해준 너에게
감사한다.

일으켜 세웠다

해마다 겨울 가고
봄이 오려면
나는 몸이 아프다
아픈 몸으로 꽃밭에 나가
꽃밭의 낙엽이며 겨울 동안
쌓인 찌꺼기들을 치우며
꽃들에게 속삭인다
이제 일어날 때야
잠에서 깨어날 때야
그러면 꽃들이
천천히 싹을 내민다
올해도 그렇게 나는
꽃들을 일으켜 세웠다
내가 일으켜 세운 꽃들이 또
나를 일으켜 세웠음은 물론이다.

맑은 날

오늘 날이 맑아서
네가 올 줄 알았다
어려서 외갓집에 찾아가면
외할머니 오두막집 문 열고
나오시면서 하시던 말씀

오늘은 멀리서 찾아온
젊고도 어여쁜 너에게
되풀이 그 말을 들려준다
오늘은 날이 맑아서
네가 올 줄 알았다.

소망

가을은 하늘을 우러러
보아야 하는 시절

거기 네가 있었음 좋겠다

맑은 웃음 머금은
네가 있었음 좋겠다.

사는 법

그리운 날은 그림을 그리고
쓸쓸한 날은 음악을 들었다

그러고도 남는 날은
너를 생각해야만 했다.

너를 아껴라

네가 가진 것을 아껴라
해와 달이 하나이듯이
세상에 너는 너 하나,
너 이전에도 너는 없었고
너 이후에도 너는 없을
너는 너 하나

많은 꽃과 나무 가운데
똑같은 꽃과 나무 가운데
똑같은 꽃과 나무는 하나도 없듯이
세상의 많은 사람 가운데
너는 너 하나,
하나밖에 없는 소중한 존재,

세상의 그 무엇을 주고서도
너와 바꿀 순 없다
세상을 다 주고서도
너를 대신할 순 없다
세상의 어떤 값진 것으로도
너를 얻을 수는 없다

네가 가진 것을 아껴라
너의 결점과 너의 장점,
너의 좌절과 너의 승리,
너의 뜨거움과 그리움,
너의 깨끗함을 아껴라.

오솔길

멀리 있는 사람을 두고
말을 한다
보고 싶다고!
그리웠다고!

바람에게 말을 하고
나무에게 말을 한다
바람더러 전해달라고
그 사람이 숲속 길
혼자 지날 때
살그머니 귓속말로
들려달라고

여기 없는 사람을 두고
말을 한다

우리 곧 만나자고!
웃으면서 만나자고!

흰 구름에게

날마다 아침이면 이 세상 첫날처럼

날마다 저녁이면 이 세상 마지막 날처럼

당신도 그렇게, 그렇게.

섬에서

그대, 오늘

볼 때마다 새롭고
만날 때마다 반갑고
생각날 때마다 사랑스러운
그런 사람이었으면 좋겠습니다

풍경이 그러하듯이
풀잎이 그렇고
나무가 그러하듯이.

빈자리

누군가 아름답게
비워둔 자리
누군가 깨끗하게
남겨둔 자리

그 자리에 앉을 때
나도 향기가 되고
고운 새소리 되고
꽃이 됩니다

나도 누군가에게
아름답고 깨끗하게
비워둔 자리이고 싶습니다.

어버이날

고마워요
그냥 엄마가 내 엄마인 것이
고마워요

고맙구나
그냥 네가 내 아들인 것이
고맙구나.

억지로
—중학생들에게

책 읽기 좋아하는 사람 애당초 없단다
억지로 읽다 보면 책 읽기 좋아하는
사람이 되기도 하고

착한 일 하기 좋아하는 사람 또한 없단다
억지로 착한 일 한두 번 해보면
착한 일 하는 사람 되기도 한단다

마찬가지로 이 세상은
천국이 아니고 사람은 누구나 천사가 아니란다
다만 세상이 천국이라고 믿고
살아가는 사람에게 때로 천국이 허락되고

천사로 살아야지 억지로 결심하고
억지로 천사처럼 살다 보면
다른 사람에게 천사로 보일 때도 있는 거란다
그건 나도 마찬가지란다.

어머니로부터

아이야 잊지 말아라
어떠한 경우에도 내가 너를
사랑한다는 사실!

모든 세상이 돌아서고
세상의 모든 사람들 너를 배반해도
나만은 네 편이라는 사실!

네가 어떠한 길에 있고
아무리 어둡고 힘든 길을 간다 해도
네 곁에 내가 있다는 사실!

의심하지 말아다오
그것은 처음부터 내가 너이고
네가 또 나였기 때문이란다.

고백

나 오늘 너를 만남으로
이 세상 가장 아름다운 사람을
만났다 말하리

온종일 나 너를 생각하므로
이 세상 가장 깨끗한 마음을
안았다 말하리

나 오늘 너를 사랑함으로
세상 전부를 사랑하고
세상 전부를 알았다 말하리.

실패한 당신을 위하여

화가 나시나요
오늘 하루 실패한 것 같아
자기 자신에게 화가 나시나요
그럴 수도 있지요
때로는 자기 자신이 밉고
싫어질 때도 있지요
그렇지만 너무 많이는
그러지 마시길 바라요
자기 자신을 미워하더라도
끝까지는 미워하지 마시길 바라요
생각해보면 모두가 다
당신 탓만은 아니에요
세상일이란 인간의 일이란
그 무엇 하나도 저절로
저 혼자만의 힘으로는

되지 않는다는 걸
당신도 잘 아시잖아요
여러 가지 일들이 서로 만나고
엉켜서 그리된 거예요
실패한 날 화가 나더라도
내일까지는 아니에요
밤으로 쳐서 열두 시까지만
그렇게 하시길 바라요
내일은 새로운 날 새로 태어나는 날
내일은 당신도 새로운 사람이고
새로 태어나는 사람이에요
부디 그걸 잊지 마시길 바라요
내일 우리 웃는 얼굴로 만나요.

오월 카톡

그늘이 푸르니
마음이 푸르고

생각이 고우니
마음은 또한 붉어

멀리 있어 더욱
보고픈 아이야

네가 꿈꾸는 세상
자주 여러 번

세상에서 이 지구에서
만나기를 바란다.

여행

얘기해드리고 싶어요
나 먼 데 갔다 왔거든요

새로운 것도 많이 보고
잃어버린 나를
찾아오기도 했거든요.

흔들리며 어깨동무

너무 힘들어하지 마
내가 네 곁에 있잖아
너무 슬퍼하지 마
내가 네 숨소리 듣고 있잖아

네가 한숨을 쉴 때
내가 네 곁에서 함께
한숨 쉬고 있다는 걸
부디 잊지 말아줘

포기는 나쁜 것
어떠한 경우에도
포기해서는 안 돼
포기는 안 돼

너무 괴로워하지 마
내가 네 곁에 있잖아
흔들리며 어깨동무
우리가 함께 가고 있잖아.

먼 길

함께 가자
먼 길

너와 함께라면
멀어도 가깝고

아름답지 않아도
아름다운 길

나도 그 길 위에서
나무가 되고

너를 위해 착한
바람이 되고 싶다.

사랑을 보낸다

그래 좋아
거기서 너 좋아라
좋은 바람과 놀고
좋은 햇빛과 놀고
나무가 있다면 그 또한
좋은 나무
좋은 나무 그늘 아래
너도 좋은 나무 되어
나무처럼 푸르게 싱싱하게
숨 쉬며 살아라
네가 좋아하는 사람들과 어울려
예쁘게 살아라
그게 내 사랑이란다.

행복아, 어서 와

나태주·로로 웹툰 만화시집 03

초판 1쇄 발행 2025년 4월 10일
초판 3쇄 발행 2025년 10월 31일

글 나태주
그림 로로
펴낸이 하인숙

기획총괄 김현종
책임편집 노은정
PM 박슬기(NAVER WEBTOON)
마케팅 김미숙
디자인 studio forb

펴낸곳 더블북
출판등록 2009년 4월 13일 제2022-000052호
주소 서울시 양천구 목동서로 77 현대월드타워 1713호
전화 02-2061-0765 **팩스** 02-2061-0766
블로그 https://blog.naver.com/doublebook
인스타그램 @doublebook_pub
포스트 post.naver.com/doublebook
페이스북 www.facebook.com/doublebook1
이메일 doublebook@naver.com

© 나태주, 2025
© NAVER WEBTOON 로로, 2025
ISBN 979-11-93153-65-9 (03810)

- 이 책은 저작권법에 따라 보호를 받는 저작물이므로 무단전재와 무단복제를 금합니다.
- 이 책의 전부 또는 일부 내용을 재사용하려면 사전에 저작권자와 더블북의 동의를 받아야 합니다.
- 인쇄·제작 및 유통상의 파본 도서는 구입하신 서점에서 교환해드립니다.
- 책값은 뒤표지에 있습니다.